… with a little help from my friends

Für Geoff, Sue, Abby, Hannah, Nick & Polly, in Liebe

1. Auflage 2019
ISBN 978-3-219-11827-8
Erstausgabe © Annette Betz in der Ueberreuter Verlag GmbH, Berlin 2017
ISBN 978-3-219-11724-0
Deutschsprachige Erstausgabe © Annette Betz Verlag im Verlag Carl Ueberreuter,
Wien – München 1986
ISBN 978-3-219-10342-7
Originalausgabe erschien unter dem Titel *Five Minutes' Peace* bei Walker Books, London
© 1986 Jill Murphy
Veröffentlicht in Zusammenarbeit mit Walker Books Ltd, 87 Vauxhall Walk, London SE11 5HJ
Aus dem Englischen von Britta Groiß

www.annettebetz.de

Nur fünf Minuten Ruh'

Jill Murphy

annette betz

Wenn die Elefantenkinder frühstückten,
ging es meistens unordentlich und laut zu.

Mutter Elefant holte ein Tablett und stellte ihr Frühstück drauf: Teekanne, Milchkrug, ihre Lieblingstasse, einen Teller voll Toast mit Butter und Marmelade und einen Krapfen vom Vortag. Sie stopfte sich die Morgenzeitung in die Tasche ihres Schlafmantels und schlich zur Küchentür.

»Wohin gehst du, Mama?«, fragte
Elefantinchen.
»In das Badezimmer«, sagte Mutter
Elefant.
»Warum?«, fragten die Kinder.
»Weil ich fünf Minuten Ruhe haben
möchte«, sagte Mutter Elefant.
»Ganz einfach deshalb.«

»Dürfen wir mitkommen?«, fragte Elefantchen.

»Nein«, sagte Mutter Elefant bestimmt, »dürft ihr nicht!«

»Was sollen wir denn tun?«, fragte Elefantinchen.

»Geht spielen«, sagte Mutter Elefant. »Und zwar ins
 Kinderzimmer. Und passt auf das Baby auf.«

»Ich will nicht mehr das Baby sein«, murrte Baby Elefant.

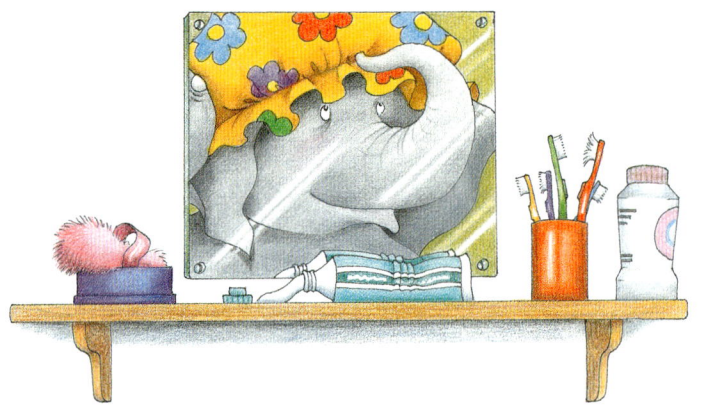

Mutter Elefant machte sich ein gemütliches heißes Bad.
Sie leerte eine halbe Flasche Badeschaum in das Wasser,
setzte die Badehaube auf und stieg in die Wanne.
Sie goss Tee in die Tasse und lehnte sich mit
geschlossenen Augen zurück. Es war himmlisch!

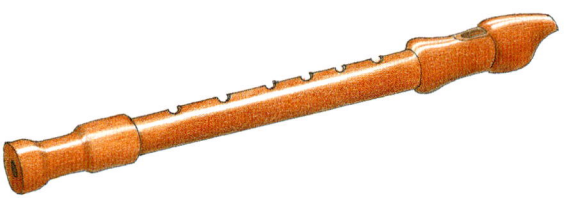

»Darf ich dir was vorspielen?«, fragte ein Stimmchen. Mutter Elefant öffnete ein Auge. »Muss das sein?«, fragte sie.

»Du sagst immer, ich soll fleißig üben«, sagte Elefantchen. »Darf ich? Nur eine Minute.«

»Also fang an«, seufzte Mutter Elefant. Elefantchen begann zu flöten. Er spielte »Alle Vöglein sind schon da« drei und ein halbes Mal.

»Darf ich dir eine Geschichte aus dem Lesebuch vorlesen?«,
 fragte Elefantinchen.

»Nein«, sagte Mutter Elefant. »Raus mit euch. Geht
 hinunter ins Kinderzimmer.«

»Du hast Elefantchen erlaubt, Flöte zu spielen«, sagte
 Elefantinchen. »Ich hab's gehört. Du magst ihn lieber als
 mich. Das ist nicht fair.«

»Also fang schon an. Aber nur eine Seite.«
 Elefantinchen begann zu lesen. Sie las viereinhalb Seiten
 aus der Geschichte von »Rotkäppchen«.

Baby Elefant schleppte so viele Spielsachen an,
wie er nur tragen konnte.
»Für dich!«, strahlte er und warf sie alle in die Badewanne.
»Danke, Liebes«, sagte Mutter Elefant schwach.

»Darf ich mir die Bilder in der Zeitung ansehen?«

»Darf ich den Krapfen haben?«

»Darf ich zu dir in die Badewanne kommen?«
Mutter Elefant stöhnte.

Schließlich sprangen alle drei in die Badewanne.
Baby Elefant war so aufgeregt, dass er vergaß,
den Pyjama auszuziehen.

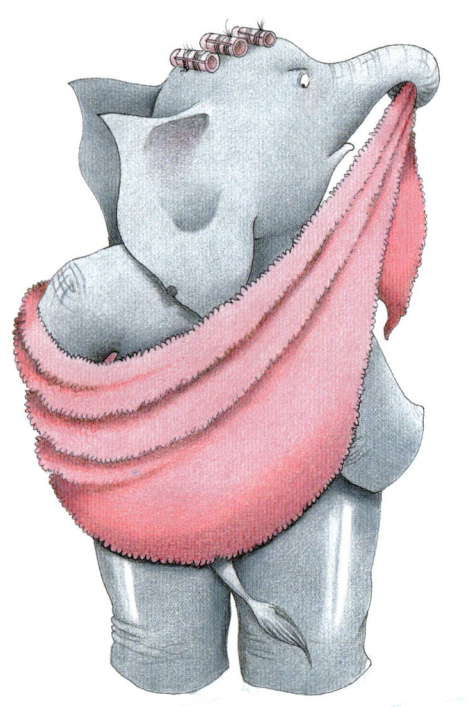

Mutter Elefant stieg aus der Wanne.
Sie rieb sich trocken, zog ihren Schlaf-
mantel an und ging Richtung Tür.
»Wohin gehst du denn jetzt, Mama?«,
fragte Elefantinchen.
»In die Küche«, sagte Mutter Elefant.
»Warum?«, fragten die Kinder wie aus
einem Mund.
»Weil ich fünf Minuten Ruhe haben
möchte«, sagte Mutter Elefant.
»Ganz einfach deshalb.«

Und sie hatte drei Minuten und
fünfundvierzig Sekunden Ruhe,
bevor die Kinder kamen, damit
ihre Mutter nicht so allein wäre.